I0693694

Merci mon Général !

Récit témoignage

De la même autrice

Une année avec Meetup, 2021, réédition 2025

Merci mon Général ! 2021, réédition 2025

Contes à mot clé 2022, réédition 2025

Personne ne lisait Orwell, à l'Est 2023

Néee dans des montagnes russes 2024

Myosotis de Noël 2025

ISBN : 9798290383170

MARINA CHIRIAC

MERCI

MON GÉNÉRAL !

Récit témoignage

Réédition 2025

Sommaire

Incipit

Quand il y a eu le désastre du 11 septembre 2001, je me rappelle exactement où j'étais. Avec mon chef on participait à une passionnante conférence sur les projets en Russie, dans la haute tour Total à Paris. La salle était presque vide, et je ne savais pas encore pourquoi.

Pour les autres deux désastres que je veux raconter ici, j'ai participé, scotchée à la télé. Il s'agit de l'étouffement époustouflant de deux révolutions : en 1990 à Bucarest et en 2013 au Caire.

Introduction

Dans une vie, il y a clairement des années-carrefours, où les constellations sont alignées dans un désordre brownien magique. La première fut celle de mes quatorze ans, quand mon cerveau et mon corps ont explosé. Quel désordre a allumé l'autre ? La réaction a-t-elle été endo- ou exothermique ? L'enquête suit son cours.

L'année 2013 fut de ce genre, aussi. Vie de mère, « Tu ne comprends rien, il n'y a pas que le travail qui compte dans la vie, maman » ou « C'est toi, mon problème », parcours professionnel (ce n'est pas rien sur un CV d'être architecte pétrolier en Égypte), *love stories*, tournant géopolitique, la totale.

Quand je parle, j'ai un accent (moitié russe et moitié roumain), deuxième génération de déracinés et adaptable partout, normalement.

En Égypte, il m'a fallu un an entier pour comprendre qu'il n'y avait rien à comprendre : c'était une autre planète. Autres axes de références, autres lois de fonctionnement, mais tout aussi réel et vivant que mon monde à moi. Un peu comme Gulliver ou Ulysse, par le hasard du périple, j'ai décidé d'appeler cette planète pour quelque temps : ma maison.

N+2

Je n'en étais pas à ma première expatriation. Un week-end d'ennui en Allemagne, quand je cherchais un autre poste dans une boîte scandinave, N+2, mon mentor, celui qui m'a formée au job de rêve et montré le chemin, m'a appelée pour me proposer ce poste de chef de tous les projets : offshore et onshore, en opération ou encore en exploration. « J'ai d'abord pensé à toi », « Tu peux le faire », c'est un super vendeur, un mélange de patrimoine génétique, de déterminisme géographique et de formatage dans une grande multinationale.

« Empathie », « bienveillance », ce sont des mots que je ne connaissais pas à l'époque, tout comme « émotions » et « multipotentialité ». C'est pour ça qu'il m'a choisie. À l'embauche à Paris, il y a des années, il m'a demandé :

– Bon, je vois quels sont tes exploits et tes qualités, dis-moi ce qui te manque professionnellement.

– Le terrain, les opérations, ai-je répondu.

Alors il m'a tout de suite envoyée passer mon certificat offshore Bosiet à Rotterdam (très physique, avec hélicoptère qui tourne dans l'eau, secourisme en mer, etc.) et visiter toutes les filiales européennes, me familiariser avec toutes les facettes du travail (géologie, gestion du réservoir, forage, production, sécurité, économie, etc.). Il n'y a pas de formation pour devenir architecte pétrolier. Il faut être transversal et curieux, stratège, avoir une vue d'ensemble, rassembler (*leadership*) et savoir convaincre. C'était le début de mon aventure extraordinaire dans le métier de mes rêves.

La géochimie du pétrole était déjà une vieille passion. Comment se fait-il que chaque gisement est différent, chimiquement et physiquement ? Quel en est l'impact sur le coût d'installation ou sur le coût d'opération ? Comment les dinosaures sont-ils morts d'un coup pour former des dizaines de millions d'années plus tard cette ressource magnifique ? A cause d'un virus ou une météorite ? J'allais enfin rencontrer les experts et comprendre le miracle.

C'est aux Pays-Bas que je suis montée pour la première fois sur une plate-forme offshore, après quelques jours d'attente interminable dans l'héliport, à cause du brouillard. Seule femme. Discuter avec les gens, poser des questions idiotes, noter tout, dormir dans la cabine du chef en vacances (travail par rotations avec quatre semaines offshore et quatre semaines en repos), avec porte ouverte pour motif de sécurité (à tout moment on doit être capable d'enfiler la combinaison et de courir sur le ponton pour se sauver en cas d'alarme). Je connaissais tout ça sur papier, j'avais dimensionné des centaines de plates-formes, mais l'expérience de terrain, les histoires de gens passionnés, tellement professionnels et sérieux, ont ajouté une dimension qui me manquait. Sans oublier le paysage qui change et le souci permanent de respecter l'environnement (la convention internationale Marpol, les audits des autorités locales et pénalités obligent).

J'apprenais tous les jours. Quand le programme de visite de la filiale allemande m'a semblé foireux, N+2 m'a dit : « Si tu n'es pas à l'aise, il faut le dire ! » J'apprenais à dire non, pour la première fois de ma vie. Exiger, demander, garder son assise managériale, comprendre les choses dans leur globalité.

Avant de partir visiter les filiales (Royaume-Uni, Allemagne, Pays-Bas et Norvège), N+2 m'a donné une feuille A4 comportant des chiffres, « *5-year CapEx plan* », et m'a dit : « À ton retour tu dois comprendre chaque chiffre. » Je l'ai fait. À mon retour, pour chaque filiale, je savais comment serait dépensé l'argent sur les cinq prochaines années et sur quels projets, réels ou potentiels. J'avais d'autant plus intérêt à comprendre vite que, rapidement, je devrais diriger une équipe multidisciplinaire et aller vérifier sur place. Je devrais aussi apprendre vite à réaliser l'estimation des coûts, créer ma base de données personnelle et confidentielle. Déceler les risques pour un projet (sécuritaires, partenariaux, économiques, etc.), c'était ma tasse de thé. Ainsi que le fameux PEP (*Project execution plan*), qui marche avec tout projet, dont voici le sommaire :

PEP

1. Objectifs

2. Brève introduction (avec jolie carte Google Earth)

3. Planning

4. *Stakeholders management*

5. Coûts

6. *Contracting strategy*

7. *Organisation chart, manning, job descriptions*

8. *Risks and mitigations*

9. Modèle économique (toujours profitable)

On peut dire que mon récit est un projet d'écriture. Voici son PEP :

1. Objectifs

Ce que je veux décrire :

- une chronologie de l'année 2013 (avant et après Morsi, président d'Égypte) ;

- la violence dans la vie de tous les jours au Caire ;

- les « révolutions » ;

- l'impossible procès du communisme ;

- un hommage à ma meilleure amie, avec qui je communiquais tous les jours ;

- après cette expérience d'expat-*lady alone*-architecte pétrolier en Égypte, que pourrais-je faire encore de plus passionnant ?

Tout ça, comme objectifs.

2. Brève intro

L'action se passe en 2013 en Égypte, mais aussi en Inde, en Turquie, en Russie, en Roumanie, en Italie et en France, comme indiqué sur la carte du monde suivante : carte Google Earth avec émoticônes (pour être comprise par les jeunes).

Le personnage principal est une surdouée adulte qui ne se connaît pas encore, qui est exploitée à fond par le système mais qui aime ça, car le travail est passionnant et sa vie amoureuse est un désastre.

Les autres personnages gravitent autour de moi et moi à la fois autour d'eux et de mon propre axe. Ils sont nombreux, mais il y a un seul pervers narcissique : mon N+1. Car N+2, qui a du mal à faire totalement confiance à une femme, m'aime bien quand même.

3. Planning

J'envisage d'écrire tout ce bazar (de Gamaleya) avant de décider ce que je veux faire du reste de ma vie. Car au moment où j'écris, je vis une autre année-carrefour de mon existence (la première depuis 2013). Avec la crise du pétrole, tous les projets *oil & gas* dans le monde se sont arrêtés et me voilà sans occupation passionnante, donc bore-out, suivi d'un burn-out. Maintenant j'ai une liste de quinze projets différents, de métiers et d'occupations possibles, je cherche le plus passionnant (je choisirai peut-être le *slashing*, en Asie ou ailleurs). « On peut tout faire, mais on ne fera pas tout », comme disait quelqu'un.

Les tâches de ce planning ne sont pas très professionnelles, elles font des ronds et des spirales, ce sera un planning en 3D ou 4D avec des couleurs fantasques et odeurs d'épices. Car l'année 2013 a été une délivrance et une année clé, non seulement pour le personnage principal mais aussi pour tous les autres qui lui ont gravité autour. Et tout ça, grâce à qui ? On dit merci à qui ? Merci au général al-Sissi !!!

4. *Stakeholders management*

Les intervenants dans ce fabuleux projet, ceux qui y ont des intérêts, peuvent le tuer ou, au contraire, ne pas interférer du tout (comme l'État dans le projet EPR de Flamanville, émoticône avec clin d'œil sarcastique).

En fait, la liste sera courte cette fois, je suis toute seule, 100 % responsable et j'ai hâte de tout vous raconter.

5. Coûts

Il y a une clause de confidentialité dans mon contrat avec moi-même et je peux vous communiquer seulement mon Opex, le coût de ma maintenance (massage thaï, *meet-up* randonnée et chou-fleur à midi). Beaucoup moins cher que mon Opex au Caire :

- appartement de 250 m² avec terrasse (quatre chambres !) et vue sur parc d'eucalyptus ;

- piscine le week-end ;

- tapis roulant (car marcher à pied au Caire pour une *lady alone* blonde n'est pas évident, d'abord parce qu'ils n'ont pas de trottoir) ;

- magasin *Gourmet* pour viandes, fromages et petites délicatesses gourmandes, sinon *Carrefour*, *Alpha Market* et les livraisons (d'alcool) à domicile ;

- salaire super confortable (normal pour l'industrie du *oil & gas* dans un pays où l'on risque sa vie) ;

- les pourboires pour tout (pire qu'en Roumanie, où le sourire est gratuit) ;

- massage thaï de très bon niveau à un prix dérisoire par rapport à Paris ;

- la femme de ménage philippine (chère mais efficace).

6. *Contracting strategy*

C'est tout un art de ficeler une stratégie contractuelle. J'étais tellement impressionnée par celle qui a permis de construire la statue de la Liberté à Paris et de la transporter ensuite par bateau vers les États-Unis en quelques mois ! Stratégie de nounours sans cervelle. Personne ne ferait cela maintenant. On construirait un chantier près d'un port américain, avec des Français à la direction et de la main d'œuvre sud-américaine.

Pour cet écrit, je n'achète rien, sauf si jamais je lâche prise, style « la vie est courte », et que je pars revisiter l'hôtel où les enfants sont interdits à El Gouna, au bord de la mer Rouge (mais en payant cette fois le prix fort, pour les non-résidents en Égypte), afin d'y écrire. Plus inspirant que l'hôtel *Beatrix* à côté du phare à Den Helder, avec vue sur la mer du Nord.

Je pourrais utiliser un « nègre » pour écrire, lui payer un salaire, le loger et le nourrir, et plus, si affinités, comme dans le film avec Fanny Ardant…

Je divague, mieux vaut passer au chapitre suivant…

7. *Organisation chart*

Je suis chef de moi-même. Pas très gratifiant. En Égypte j'avais une équipe : Ahmed l'ingénieur et Tarek le chauffeur. Petite mais agile. En trois ans j'ai réussi à les motiver, à leur donner confiance et à négocier pour eux une augmentation importante de salaire.

8. *Risks and mitigations*

J'adore ça : détecter les risques. Et trouver la juste solution pour les annuler. Je ne sais pas si mon flair venait de mon intuition ou de ma pensée globale et transversale, en tout cas j'ai fait économiser des millions à l'entreprise.

Une petite liste du *top six risks and mitigations* :

– je ne finis pas mon récit, laisse tout tomber – aucune excuse, j'ai enfin le temps, l'envie, la tranquillité et le besoin aussi ;

– je le finis mais les personnages qui gravitent autour de moi se fâchent si je le publie – avec le succès en librairie, je leur payerai des dommages et intérêts ;

- Poutine, les Frères musulmans et la Securitate me repèrent et se vengent – tout documenter avec professionnalisme (et trouver un pseudo bien cryptique) ;

– trop technique, #ingénieur, on s'ennuie – rendre le récit drôle et cruel, la vérité, quoi ;

– trop égocentrique ou banal – rajouter des premiers rôles (Serge, Tarek, Ela, Michael, Ahmed, N+2) ;

– mal écrit – prendre son temps et le faire lire par la leader de mon *meet-up* d'écriture ou le faire corriger par des vrais spécialistes ;

A la fin d'un PEP, il faut toujours rajouter le chapitre « Opportunités » pour donner des billes à ton chef lorsqu'il devra convaincre son supérieur. Exemples :

– le livre a un succès énorme et Haruki Murakami me fait signe sur Facebook ;

– je trouve ce que je veux faire du reste de ma vie ;

– je trouve enfin quoi publier de nouveau sur LinkedIn ;

– Total me fait enfin une offre pour mon projet de rêve en zone arctique (sans rênes désormais, à cause de l'anthrax).

Sans rigoler, pourquoi l'anthrax est-il revenu en France et en Turquie cette année ? À Yamal, on pensait que c'était le réchauffement climatique qui faisait fondre le permafrost et libérait ces bestioles…

9. Modèle économique

Trust me, c'est profitable.

Ne jamais croire sur parole. Aller dans le détail, creuser, interviewer, reposer la question, discuter avec l'équipe, chercher la faille ensemble. Pour ma première *due diligence* en Russie, on n'avait aucun document à lire, sauf un *flyer* avec de faux chiffres laissé exprès sur une table dans la salle de réunion pour nous duper.

Pendant la durée d'un projet, le PEP est révisé plusieurs fois afin de ne pas tout faire dégringoler, comme l'EPR de Flamanville…

Attention, chut, ça commence.

Oiseaux verts

Sur mon balcon, au Caire, des oiseaux migrateurs construisent leur nid. Ils ne sont pas grands, une sorte de moineaux vert-jaune. Économiques ou politiques ? Ça me rappelle les perruches à collier qui ont proliféré à Paris (Montsouris, Boulogne, Jardin des plantes), jolies et criardes. Les écolos sont inquiets pour la faune française, qui est en péril. Que doit-on faire pour protéger le moineau français ? Je pense à une cloche immense... ou à des puces électroniques à leur greffer pour les téléguider où on veut, comme des drones... ou trouver un moyen pour refroidir la planète (y a-t-il des chercheurs chinois qui s'en occupent déjà ? Je viens de vérifier et la réponse est oui)… L'Afrique n'était pas du tout ce dont je rêvais comme lieu d'expatriation ou de voyage, pas du tout. Ma vieille passion, c'est l'Asie, car le centre de gravité du monde se trouve là-bas, il faut y aller pour comprendre l'énergie et l'espoir qui animent ces pays, tous différents, avec plus ou moins de richesses ou d'indépendance vis-à-vis de la Chine. Je suis née avec un pied en Asie, dans l'Oural, peut-être que ça joue aussi. L'Europe triste, nombriliste et décadente arrive à la fin de son empire. L'Afrique pour moi signifiait le colonialisme et l'esclavage. Pourquoi les Africains ont-ils accepté cela ? Pourquoi continuent-ils de se laisser spolier encore aujourd'hui et ne se débarrassent-ils pas des étrangers et des régimes corrompus ? C'est plus difficile qu'émigrer ? Ce sont des pays riches avec des habitants costauds et pas bêtes. Se connaître et prendre sa place. Je devrais aller faire du mentorat là-bas...

La seule chose qui m'intéressait en Égypte était de vérifier si la loi environnementale égyptienne (numéro 5) permettait toujours de souiller le désert avec des hydrocarbures (en 2009 j'avais découvert, derrière les dunes, des mares noires de pétrole, inadmissible pour l'image de marque de notre entreprise française).

Les alliés

Mon premier chauffeur ne parlait pas anglais, ne connaissait pas la ville et bandait si je m'asseyais en voiture à la place du mort.

J'ai l'habitude avec l'égalité hommes-femmes et je m'adapte partout, mais en Égypte j'ai été bien servie, aucun privilège. Le DRH était confus, j'étais une première pour lui. Le N+1, sans aucune sympathie ou main tendue, plutôt bancal comme style de management.

Alors j'ai commencé par chercher des alliés.

Les femmes coptes, d'abord. Comme je suis chrétienne orthodoxe et issue des minorités moi aussi, je me suis dit que les coptes seraient mes futurs amis. Mais pas du tout. Ils sont aussi fanatiques et religieux que les Égyptiens musulmans, probablement pour survivre. De plus mes collègues coptes femmes sont toutes belles et effacées, j'ai lié plus d'amitiés avec les femmes musulmanes qui ont du tempérament, ne se laissent pas marcher sur les pieds et sont souvent des femmes d'affaires redoutables.

Dina en est un bel exemple. Elle est jeune, belle, ingénieure structures à la base et chef commercial dans une boîte d'ingénierie. Un jour, pour notre déjeuner en ville, elle est apparue sans voile, toute émue, une révolution personnelle. C'était son premier jour d'émancipation et elle a voulu le partager avec moi. Dans un pays qui sombre de plus en plus dans le fanatisme religieux, le geste ne doit pas être anodin. Mes collègues prient ensemble, ils ont tous une appli sur leur portable pour les alerter de l'heure de la prière, écoutent des prières à la radio dans la voiture et le mot « dieu » se trouve dans chaque phrase qu'ils prononcent. Les seules personnes qui prient séparément sont N+2, dans son bureau, et mon assistante, qui utilise la salle de prières en décalé. Quand elle prie, elle laisse ses chaussures à très hauts talons dehors et ferme le rideau derrière elle.

Ensuite je me suis fait une liste de gens (locaux ou expats) ayant le même poste que moi au Caire et j'ai commencé par leur donner des rendez-vous.

Le premier fut un directeur d'EGAS (compagnie nationale qui devait approuver mon projet offshore). J'avais appris dans un *e-learning* que, dans les pays arabes, il ne fallait pas parler boulot au premier rendez-vous, il fallait d'abord faire connaissance. C'est ce que je lui ai proposé. Il m'a répondu qu'il avait vécu en Allemagne, qu'il avait eu une copine là-bas et m'a demandé si le sexe m'intéressait toujours. L'expérience vaut toujours mieux qu'un *e-learning*… N'empêche qu'avec ce monsieur j'ai réussi à créer une relation de confiance, il m'a toujours donné de bons conseils et moi je lui ai expliqué la laïcité française. Avant qu'il ne disparaisse du jour au lendemain, en prison, pour des raisons non élucidées (religieuses, politiques ou éthiques).

Mon deuxième chauffeur a été mon allié principal pour survivre et comprendre le pays. Tarek est beau, intelligent, imbu et éduqué par un Français, celui qui a ouvert la filiale. Il parle bien anglais et me compare à sa mère, avec qui il a une relation fusionnelle, très commun dans leur culture : déjeuner en famille tous les vendredis après la prière, vacances en famille, etc. Il m'emmène en centre-ville, la nuit, dans des marchés pour les locaux pour m'acheter meubles et télé pas chers, et négocie pour moi afin d'avoir des prix raisonnables. Ensuite il m'apprend à négocier : au marché il se met derrière le vendeur et me fait des signes – « plus haut » ou « c'est bon, arrête, tu vas le faire pleurer ». La première fois au Gamaleya, on a pris un guide qui parlait uniquement arabe, et Tarek a commencé à rêver à haute voix, il imaginait le quartier au XIIIe siècle, joyeux et coloré, grouillant de commerçants. Tous les matins il me regarde dans le rétroviseur et me demande : « *Everything is ok ma'am ?* » et on part travailler.

Les chauffeurs ne sont pas des gardes du corps. Quand plus tard dans l'année l'insécurité à commencé à s'installer, c'est moi qui lui ai indiqué les quartiers à éviter, car la société de sécurité Control Risks sait tout, et que ses alertes ne trompent jamais. Quand en février un météorite tombait à Tcheliabinsk, dans l'Oural, j'ai reçu l'alerte dans la minute. Même mon cousin qui vient de la ville fermée est étonné. C'est un site anglais ? La sœur de ma mère, qui habite à Tcheliabinsk, a eu les vitres brisées et la peur de sa vie.

Je n'ai pas pris de cours d'arabe car tous mes contacts parlaient anglais, et comme je devais me rendre partout en voiture, Tarek me servait aussi de traducteur. Pour le permis de conduire égyptien, j'ai passé un test avec un policier bien corrompu mais je n'ai pas conduit en Égypte, pas *safe* pour une *lady alone*.

Mon deuxième allié et ami était Ahmed. Avec lui on déjeune une fois par semaine dans un resto de *chiche-taouk* à midi. C'était ma méthode pour créer des liens avec lui. Et on avait tous les deux besoin l'un de l'autre : moi, pour comprendre le pays et lui, pour sa carrière. Au début il avait honte de dire que j'étais sa cheffe et il inventait ou mentait quand il n'avait pas la bonne réponse à mes questions, mais en peu de temps on est devenus une équipe de choc et on se comprenait d'un simple regard.

Sans le vouloir, je compare le pays sous la dictature militaire de Moubarak avec la Roumanie sous celle de Ceausescu. Les Égyptiens étaient libres de parler, de bouger, de penser et ne vivaient pas dans la peur. Le communisme dirige par la peur. Peur d'aller en prison ou simplement de disparaître. Les parents ont peur que leurs enfants puissent raconter à l'école ce qui se dit à la maison, alors ils se taisent devant eux. Les gens sont brisés psychiquement, sans espoir, suivis par la police politique qui dirige le pays encore aujourd'hui, car après la « révolution » c'est elle qui s'est emparée du pouvoir.

En même temps je découvre beaucoup de ressemblances : une élite au pouvoir qui est très riche et au-dessus des lois ; les pistons ; les pourboires ; le mensonge (on falsifie les chiffres au niveau de l'État).

Les expats

Lors de mon premier soir d'expatriation un collègue français a organisé une fête, on était quatre au total, au bord d'une piscine, à boire, nager, danser. Le collègue qui devait être d'astreinte dormait ivre mort à côté du portable de *duty manager*, la batterie à plat. Celui qui m'avait invitée parlait très mal à son chauffeur, comme à une sous-espèce. Il y a des expats à vie avec des manières colonialistes et qui reviennent en France uniquement pour trouver un futur poste à l'étranger. Comme lieu d'habitation, j'avais une préférence pour l'île de Zamalek, mais N+2, qui prenait au sérieux la responsabilité d'un chef concernant la vie de son équipe, a demandé à tous les expats de se loger non loin de lui. Comme ça, en cas de problème majeur, on pourrait se rendre chez lui à pied afin de s'y mettre en sécurité, avant exfiltration.

Maadi est un goulag d'expats. Chaque immeuble est protégé par le *bawab* (concierge) et des vigiles en civil. Sous la dictature de Moubarak, ils étaient armés, depuis sa chute, ils ne l'étaient plus. Il n'est pas certain qu'ils aient suivi un entraînement physique quelconque mais ce qui est sûr, c'est qu'ils savent tout sur tous. Livraisons d'alcool, vacances, va-et-vient des jeunes la nuit, visiteurs, horaires, tout. Et avec le temps ils s'attachent, puisqu'ils sont au courant de tout. Je leur faisais de petits cadeaux utiles, comme les lampes de poche solaires, pour les nombreuses coupures d'électricité.

Quand N+2 m'a appelée pour me proposer le poste en Égypte, je me suis dit qu'on se verrait aussi en dehors du boulot, qu'il nous inviterait chez lui pour goûter un bon *biryani* maison, que de mon côté je nous préparerais des soirées gastronomiques russes et roumaines. En fait, le week-end les expats restent en famille, donc moi, j'étais seule. Les clubs pour les étrangers proposent des activités en semaine uniquement, pour les familles des expats qui travaillent.

Maintenant, avec du recul, je pense que j'aurais pu faire le premier pas. J'étais probablement bizarre à leurs yeux. Venir toute seule en Égypte, pour l'amour d'un métier et chasser l'ennui... La plupart étaient là-bas pour l'argent et le confort pour leur famille. Souvent les femmes des expats ne travaillent pas, mettent leurs carrières entre parenthèses, mais pas pour s'occuper des enfants, car tous les expats ont des bonnes.

Le rat

Mon premier appartement était très joliment décoré, je m'y suis tout de suite sentie comme chez moi. Je n'avais presque rien à acheter pour l'aménager, tout était fourni et avec bon goût. Il y avait même un tapis roulant dans le salon, pour faire du sport tout en regardant la télé.

Sauf qu'après deux semaines, un beau matin, en me préparant pour aller travailler j'ai aperçu un grand rat noir qui se baladait dans le séjour. J'ai vite fait mon petit bagage de secours et je suis sortie rapidement. Quand j'ai annoncé au bureau que je ne retournerais pas à l'appartement avant que le rat n'ait disparu, j'ai vu des réactions diverses : grand étonnement (« Pourquoi ça la dérange ? »), moqueries (« Tu n'es plus seule, tu as un ami à la maison »). Finalement N+2 m'a envoyée à l'hôtel le temps de résoudre « l'affaire ».

Pendant quelques semaines, tous les jours des collègues des RH et des *coffee boys* se rendaient dans l'appartement pour guetter le rat. Pièges, poison, etc. Sans succès. Le DRH a conclu alors que l'animal était une invention ou qu'il avait quitté mon confortable logement car il n'y avait rien à manger. Il m'a convaincue de revenir y habiter.

C'était pendant le ramadan, quand les journées de travail sont écourtées de deux heures.

De retour dans l'appartement j'ai retrouvé mon ami, il se promenait sur la tringle du rideau dans le salon. Alors le DRH a appelé le M. Hamelin du Caire, le grand spécialiste des rats, sans sa flûte. Il est arrivé très rapidement, vers 18 heures. Un vieux monsieur, élégant et parlant couramment français. Il m'a expliqué que les moyens qu'il pourrait utiliser seraient dangereux pour moi et pour mes voisins et que, comme c'était le ramadan et qu'il n'avait pas mangé de toute la journée, il ne pouvait rien faire pour moi car il était attendu pour l'*iftar* (le repas du soir en famille).

Quand j'ai demandé à N+2 si, dans le bail, il existait une clause d'insalubrité, il a bien rigolé. Ça lui a coûté une fortune pour mettre fin au contrat et me trouver un autre appartement. Le jour du déménagement on a trouvé le rat mort dans un pot de fleurs, il avait fini par succomber. Dans le nouveau logement j'ai installé un appareil à ultrasons pour éloigner les rats qui se baladaient dans tout Maadi.

L'Occident

Quand Moubarak est tombé, la première action des « révolutionnaires » fut de descendre dans une discothèque où l'on servait de l'alcool et de tout casser, car cela symbolisait la décadence à l'occidentale.

J'ai la chance d'être Française en Égypte, car la France occupe une place privilégiée, il y a même une élite égyptienne qui parle français couramment et qui inscrit ses enfants au lycée français. Comme les Égyptiens ont toujours besoin de haïr quelqu'un, ils se coordonnent tous pour haïr les Américains, les juifs et les chiites. Parfois les coptes, mais jamais les Français. Même si les Américains leur versent des aides militaires, les forment aux États-Unis et ont « aidé », avec le Qatar, à faire tomber la dictature de Moubarak et élire pour la première fois de l'histoire un frère musulman.

Un collègue italien était en Égypte le 11 septembre 2001 et se souvient que ses collègues locaux étaient contents et applaudissaient « l'audace » des terroristes.

Quand on vient de notre Europe nombriliste on pense qu'on est enviés, admirés pour notre culture ou nos manières. Pas du tout. Ils nous détestent et pour de multiples raisons : le colonialisme, la religion, etc. Et c'est mieux de ne pas savoir ce qu'ils pensent de nos penchants sexuels…

Les frères au travail

J'avais deux collègues issus des Frères musulmans (ou très sympathisants ?). Il y en avait un à chaque étage. Ce sont eux qui prononcent la prière. Au total, trois prières pendant les heures de travail. Les femmes ne prient pas avec les hommes. À un signal ils se lèvent tous et vont dans la salle de bain pour se laver. Ça rigole, ils discutent politique ou les derniers ragots publiés sur Facebook.

N+2 aime bien, deux, trois fois par an, inviter tous les employés avec leurs familles au restaurant. Les femmes des frères sont les seules voilées du style « boîte aux lettres » (on voit uniquement les yeux) et habillées en noir.

Au début je ne les saluais pas et j'avais l'impression qu'elles étaient en retrait. Encore une impolitesse commise. À la fin de mon séjour en Égypte, non seulement je les voyais mais je pouvais lire dans leurs yeux si elles souriaient, ou pas. Un chauffeur m'a dit qu'un homme reconnaissait sa femme à ses chaussures, car c'était lui qui les lui avait achetées. Drôle.

Mon chef direct est musulman aussi mais ne prie pas avec eux. Il est alors soupçonné d'être chiite, Dieu sait pourquoi. Et c'est grave d'être chiite en Égypte, apparemment. Ahmed me dit qu'ils sont sales. Cette histoire d'eau dans les religions est un bon thème à étudier.

Quand, à Mumbai, j'ai visité un temple sikh on m'a aussi demandé de me déchausser et de me laver les mains et les pieds.

Quand Tarek pense à son ancien maître français le martyrisant, il pense à une tête de porc, et ça le soulage.

Grâce à lui j'ai appris à distinguer dans la rue les frères musulmans des salafistes. D'abord par les habits. Ensuite par leur place dans la société : les frères sont bons commerçants, ont leurs propres magasins. Ils ont fait des études. Par le passé, les frères docteurs étaient réputés pour donner des consultations gratuites aux pauvres. Ils sont populaires et pas craints, comme les salafistes, qui se situent un cran au-dessus en termes d'endoctrinement religieux. Côté financement et appui politique, il semble que les frères soient soutenus par les États-Unis, le Qatar et la Turquie. Les salafistes par l'Arabie saoudite. Élire un frère à la tête du pays s'est fait assez naturellement car, après avoir été persécutés par Moubarak, ils ont pu sortir de prison à la révolution. Bon, pas tous, car Morsi avait fait ses études aux États-Unis et été le professeur de mon ami Ahmed.

Je suis copine avec les frères du travail : ils sont discrets, très bosseurs, de confiance. Surtout Ibrahim, qui me fait rire, avec son humour bien à lui. Sauf une fois où j'ai moi aussi fait de l'humour (sur son mal de dents et son appétit) et où je l'ai blessé : il n'a plus voulu manger avec nous, l'ami Ahmed m'a dit de ne pas chercher et de laisser tomber. Oups, une autre gaffe…

On avait embauché un géologue avec une marque sur le front tellement il priait de tout son cœur. Souriant, jeune père de cinq enfants. Une société concurrente lui avait offert un meilleur salaire et comme N+2 n'a pas voulu négocier, il a décidé de démissionner. C'est cette nuit qu'Ibrahim a eu un rêve mystique à son sujet qui suggérait d'annuler la démission. À ma stupéfaction, le père de cinq enfants est revenu travailler, pour un salaire moindre. La *charia* a toujours gouverné le pays, même pendant la dictature de Moubarak. On ne lapide pas les gens, on ne coupe pas les mains des voleurs, c'est une *charia soft* par rapport à l'Arabie saoudite, mais le grand mufti du Caire est la personne la plus respectable du pays. Ses sages paroles sont écoutées. Combien de fois, je l'ai vu tenir des discours pour apaiser la haine dirigée contre l'Occident, disant « Soyez intelligents et ne vous laissez pas manipuler », alors que, dans d'autres pays musulmans, il y avait des émeutes et des morts à chaque affront occidental à l'égard de leur religion.

Une autre éminence musulmane respectée est Mohammed Badie, vétérinaire et, depuis 2010, guide suprême des Frères musulmans. Il était le grand gagnant de la révolution en 2011. Mais il aurait dû devenir président à la place de Morsi, ou trouver quelqu'un de plus compétent pour accomplir cette tâche !

Gisements

À cause de la mauvaise gestion du pays, et surtout la surestimation de ses réserves de gaz, le réseau domestique manque de gaz et les centrales électriques *trip*, comme disent les Anglais. Or, on a trouvé du gaz en Méditerranée, suffisamment pour que mon projet démarre enfin. Il n'est encore qu'au stade du papier. En attendant, je vais souvent dans le désert pour suivre un autre projet conduit par des partenaires.

Le désert pour la première fois, c'est comme la mer. À couper le souffle. Puissance de la nature. Ici, ce sont les Bédouins qui fliquent. On ne les voit pas, mais ils savent tout. Il y a des chameaux gris qui errent comme sauvages, mais si on en tue un dans un accident de voiture, les Bédouins apparaissent de nulle part dans la minute. Les unités de production dans le désert les emploient pour s'assurer qu'ils soient bien de leur côté. Quand ils ne sont pas contents, des choses mystérieuses se produisent : pipelines coupés et déplacés, pompes arrêtées ou incendies. On leur sous-traite des livraisons pour les cantines ou même la sécurité des sites. Je me souviendrai toujours de ma première nuit (blanche) dans le désert. J'étais la seule femme sur bien des kilomètres et j'entendais le Bédouin qui faisait sa ronde autour de mon Algeco. Heureusement, vers 3 heures du matin, il y a eu un appel à la prière, beaucoup de pas se sont dirigés vers la petite mosquée du quartier de vie, et j'ai enfin réussi à m'endormir.

Pas de femmes, ni sur chantier, ni même à la cantine. Quand je fais mon inspection en costume de pingouin orange, tous me regardent. Sur les échafaudages, au volant d'un camion ou en creusant des tranchées. Par curiosité, rien d'irrespectueux. Les pauvres gars habitués à travailler sous 50 °C s'étonnent, c'est tout. Comme en Chine, loin des grandes villes, je reconnais ce regard :

« Une Blanche, ça ressemble à ça ? Que fais-tu là ? »

Les gisements dans le désert sont un mélange de gaz et de pétrole, plus ou moins non conventionnels, car la fracturation par pression hydraulique est souvent utilisée pour accroître la production. L'eau de gisement est spéciale, tellement salée que les échantillons d'eau cristallisent dans la bouteille. L'eau des oasis du désert est donc salée. Comment font les Bédouins pour y survivre depuis toujours ?

Mes partenaires préférés pour les opérations sont les Italiens, professionnels et bourrés d'humour. Ce sont les seuls étrangers qui arrivent à créer des *joint-ventures* avec les locaux (obligatoires dans ce pays) qui soient efficaces. Sur mon projet offshore j'ai déjà négocié avec mon allié d'EGAS pour choisir quelles personnes intégreront mon équipe au moment de la FID (*Final investment decision*). Ce sont des jeunes très motivés mais sans expérience, et je les préfère aux dinosaures qui attendent la retraite et qui peuvent augmenter le coût et les délais de n'importe quel projet. Le coût que j'ai estimé et vérifié des dizaines de fois est de cent millions d'euros et le délai de construction de deux ans et demi. C'est faisable, j'y crois de tout mon cœur et je ferai tout pour ne pas les dépasser. Bien sûr à un moment il faudra choisir le *driver* : le coût, le délai ou la sécurité. Je choisirai le délai, en mettant des superviseurs de sécurité derrière chaque ouvrier.

En peu de temps, l'Égypte, qui était un pays exportateur de gaz liquéfié, est devenue importateur à cause d'un mensonge d'État : la surévaluation des réserves du pays.

Princesses

Pourquoi il n'y a pas de femmes sur les installations ? « Parce que nos femmes sont des princesses, on les chouchoute », m'explique Ahmed.

Je lui raconte que sur les plates-formes pétrolières aux Pays-Bas on trouve quelques femmes en cuisine (russes ou philippines) mais qu'en Norvège des femmes ont des postes de chef d'opération.

Quand mon chauffeur m'a raconté en détail l'organisation des viols collectifs sur la place Tahrir (en 2011 et 2013), en ajoutant qu'une femme ne doit pas aller manifester non accompagnée par un homme, je me suis rendu compte que je ne m'intégrerais jamais dans ce pays musulman, et j'ai commencé à cultiver fortement ma différence. J'étais européenne, blonde, seule, je me trouvais au Caire pour acheminer le gaz vers les centrales électriques et donner confiance et un meilleur avenir à mon équipe.

Place Tahrir, mode d'emploi : les hommes forment un cercle avec des couvertures, pour que ça reste invisible de l'extérieur, et prennent pour cibles des femmes venues à la manifestation sans avoir été accompagnées.

Révolutions

M. Rosenberg, l'Américain qui a inventé la CNV (Communication non violente) disait : « *Man is not designed for violence.* » Il a dû dire ça avant les « révolutions colorées » inspirées par Otpor. Depuis qu'elles ont eu lieu, des États se sont scindés, meurtris. Je lis dans le Larousse la définition du mot « révolution » et je me rends compte qu'elle diffère de la définition que l'école communiste a gravée dans ma mémoire.

Révolution (Larousse) : « Changement brusque et violent dans la structure politique et sociale d'un État, qui se produit quand un groupe se révolte contre les autorités en place et prend le pouvoir. »

L'école communiste m'a appris qu'une révolution doit changer fondamentalement le système. Prendre le pouvoir ne suffit pas. Si on continue avec du vieux, ce ne sera pas une révolution.

Pourquoi le Larousse parle-t-il de violence ?

Václav Havel était assurément un gars hors normes. Première « révolution de velours », sans violence, en Tchécoslovaquie. Quand il a scindé le pays en deux, c'était sûrement pour éviter ce qui s'est passé dans le pays voisin, la Yougoslavie, le sang. Il paraît que les Américains ont utilisé les Serbes de l'organisation OTPOR (devenue CANVAS), qu'ils ont formés pour mener des révoltes non violentes, afin d'instruire les leaders des « révolutions colorées » et des « printemps » en Géorgie, en Ukraine, en Égypte, au Venezuela, etc.

Munie de ces informations, j'ai scruté les médias dans toutes les langues que je connaissais pour comprendre qui tirait quelles ficelles.

Si les Américains ont renversé le régime de Moubarak, j'en conclus qu'ils ont placé les frères au pouvoir.

L'arrivée de Morsi a été accueillie par tous comme une chance, au début. J'ai attendu quatre heures son premier discours, à la télé égyptienne, en retard de quatre heures... Un mélange de prière et de *speech* politique, le gars était en transe. Mes collègues jubilaient, les coptes, qui envisageaient de quitter le pays, moins.

Mais petit à petit, les frères ont mis des leurs dans tous les ministères, les coupures de courant étaient journalières, le pays tout aussi pauvre, l'hygiène au point mort et l'incompétence de Morsi était devenue flagrante.

Par contre, l'insécurité n'existait pas. Je me promenais en toute confiance dans Gamaleya, le magnifique quartier construit du temps des mamelouks (XIIIe siècle, avant l'Empire ottoman), j'allais à la piscine au 6-Novembre (à l'autre bout de la ville), je découvrais le désert et le lac Karoun avec mes collègues et j'étudiais l'art islamique au nouveau musée.

Black-blocs, Poutine et Mineriada

La seule manifestation de violence a été l'apparition des black-blocs. Chaque vendredi soir ils lançaient des cocktails Molotov sur le palais de Morsi, et personne ne les interpellait. C'était encore la douce période, quand il y avait des caméras de télévision partout au Caire et qu'une chaîne reprenait ces images, jour et nuit, sans commentaires. Innovant. Avec Ahmed on se demandait qui étaient ces gars habillés en noir. Je me suis souvenue d'un épisode : Bucarest, avril 1990, devant le Parlement, des milliers de manifestants tranquilles (à bas le communisme !!) et tout d'un coup un petit groupe de quinze personnes avance vers le palais et commence à l'escalader comme une bande de gymnastes (de Dynamo), brisent des vitres avec leurs pieds et entrent. Ils étaient habillés comme des gitans, les femmes avec de longues jupes, assez étonnant à voir. Une autre arme secrète de la Securitate, comme les mineurs deux mois plus tard.

Avec les multiples antennes satellites sur le toit de mon immeuble, je fais le tour du monde des actualités, et surprise ! la seule télévision au monde qui montre les black blocs au Caire, dans la nuit de vendredi, est russe, avec ce commentaire : « On ne peut pas lâcher Assad en Syrie, sinon ça se passera comme en Égypte. » À la même période, les indignés (avec leurs masques blancs) et les black blocs manifestent contre le capitalisme et la mondialisation aux États-Unis.

Les frères ont vu voler en éclats leur invraisemblable chance historique de conduire l'Égypte, la Turquie, la Tunisie et, pourquoi pas, toute la région, à cause de l'incompétence du pauvre Morsi, et de la plus grossière des ficelles russes. En quelques mois seulement, mes collègues égyptiens sont passés de l'enthousiasme unanime pro-Morsi à la haine. Ma douce secrétaire à hauts talons m'expliquait que les frères étaient devenus un cancer et qu'il fallait utiliser la manière forte pour en guérir. Alors que je me préparais à revenir en France pour quatre jours afin de me rendre à Marseille pour le diplôme de ma fille (et de revoir mon ex), Ahmed m'a prévenue qu'il se pouvait que je sois obligée de rester plus longtemps car, au cours du week-end, l'armée allait reprendre le pouvoir dans le pays. Je ne veux même pas savoir d'où il tenait l'information. Cela m'a rappelé qu'en Roumanie, avant le renversement de Ceausescu, de bons amis à moi m'ont conseillé de ne pas aller en centre-ville…

En 1990, dans la Roumanie post-Ceausescu, la violence a été introduite par l'élite au pouvoir. La violence comme outil. Ce n'était pas spécialement pour tuer, mais pour faire peur. La peur était l'outil des communistes. Quand j'ai quitté le pays, le centre de Bucarest était bloqué depuis des mois par des gens qui criaient : « À bas le communisme ! » Il y avait des tentes sur la place du théâtre national et au balcon de l'université des personnalités prenaient la parole, ou chantaient. Belle ambiance pleine d'espoir. J'y allais tous les jours, heureuse d'appartenir à ce groupe hétéroclite et courageux. La nuit qui a précédé la récupération de mon passeport avec visa français, la police a évacué la place *manu militari*. Le matin, un cordon de policiers stationnait tout le long du trottoir pour empêcher un nouveau blocage. Je ressentais de la peur, de la tristesse et de la culpabilité à quitter ce pays dans ce moment crucial. La nuit suivante, les étudiants ont repris la place et ont planté les tentes à nouveau. Je leur ai apporté de la nourriture et des couvertures en laine car il faisait froid. Le lendemain matin on quittait le pays, pour toujours. Direction la France, en Citroën Axel, avec poussette sur le toit et bébé à bord.

Quand on a passé la première frontière (ouverte depuis peu), celle de Hongrie, on s'est arrêtés et reposés pendant deux heures. Nos jambes flageolaient. On était libres !!! Le dernier contact avec la Securitate avait été le douanier roumain qui avait inspecté la voiture et, avec du regret dans la voix, nous avait dit : « Vous dites que le bébé d'un an a envie de faire du tourisme ? »

J'ai retrouvé cette frustration de la police en Égypte aussi. Ils étaient rois pendant la dictature. Comment s'imposer après, surtout quand on continue avec les mêmes ? En Roumanie ils ont trouvé comment.

L'arme secrète du pouvoir était les mineurs qui travaillaient dans les mines des Carpates. En 1977, pendant une visite de Ceausescu, ils on tenté une émeute. Ils ont été écroués, infiltrés jusqu'à l'os, leurs cerveaux lavés et, enfin, payés encore plus qu'avant. Ils sont devenus une police secrète et parallèle, *just in case*. En 1990, scotchée à la télévision française, j'ai vu la cohorte de mineurs déambuler à pied de la gare du Nord vers l'université, comme des zombies, criant qu'ils venaient sauver le gouvernement. Peur dans les rues, les gens normaux essayent de les calmer, mais ils sont comme drogués. Ils ont lynché des étudiants en les traquant « jusque dans les chiottes » de l'université. Les gens de la Securitate qui les ont dirigés ont fait ça bien. Abasourdir. C'est probablement quelque chose qu'on apprend pendant les cours des polices politiques, un outil. Ça a fonctionné en Roumanie. Les gens se sont détournés de la politique et ont laissé le pouvoir faire tout ce qu'il voulait faire : corruption, vol et vente des stocks stratégiques, actions mafieuses, privatisations sauvages, dégradation de l'image du pays. Ils ne se sont plus jamais intéressés à la politique. Par je ne sais plus quel miracle, ils sont entrés dans l'OTAN et l'Union européenne (comme quoi, la corruption reste élevée en Europe).

Paul Wolfowitz (éminence grise de Bush fils) disait dans une interview en 2012 : « Si au moins en Égypte on pouvait installer une démocratie à la roumaine… »

En 2013 l'Égypte a utilisé le fameux outil à sa manière. L'outil qui consiste à abasourdir la population d'une façon violente pour ne plus lui donner envie de retourner dans la rue.

Sauf que la vie de tous les jours en Égypte était déjà violente et les gens très résilients. Combien de morts tous les jours dans des accidents de la route ? C'est toute une aventure de traverser une route au Caire. Comme ils sont tous très croyants, ils s'en remettent à Dieu pour toute action.

L'insécurité est le souci majeur sur un chantier là-bas. Il faut rappeler les règles de sécurité et faire des inspections tous les jours. Quand Shell avait enfin fini le projet sur lequel on était partenaires, j'étais soulagée qu'ils l'aient fait en gaspillant notre argent mais sans mort d'homme. Le chef de projet était si fier qu'il a donné des interviews partout. Du coup, il se trouve maintenant sur un projet en Irak et son profil LinkedIn n'en dit rien. Quand je suis arrivée en Égypte, il me traitait très mal, avec un langage agressif, mes questions sur le projet le dérangeaient et il me faisait taire avec violence. Alors, N+2 m'a donné l'objectif suivant : *Put him in your pocket.* Une semaine après je dînais chez lui, avec sa jolie famille, et j'ai ouvert la voie à une collaboration vraiment sincère. Il me demandait conseil, il a accepté d'embaucher

Ahmed temporairement dans son équipe. Sur le terrain il était hautain et humiliant à l'égard des locaux, comportement typique des expatriés en Égypte.

En 2013, entre le 30 juin (la grande manifestation) et le 17 août (la prise de la mosquée al-Fateh), j'étais à Paris scotchée à tous les médias possibles : Al-Jazira, CNN, Deutsche Welle, mais le plus compétent et professionnel était le *live* de Serge Michel sur le site du *Monde*. Après Téhéran, l'Afrique de l'Ouest, il était alors au Caire, au cœur des événements, et il avait peur. Je le sentais depuis Paris. Pendant quatre jours j'ai suivi le massacre en direct. Sept cents morts, la plupart autour de la mosquée qui les avait accueillis. Tout ça avec le soutien de la population divisée et la présence louche d'El Baradei (ancien directeur de l'AEIA) au côté du général al-Sissi. Serge Michel risquait sa vie pour me tenir informée. Pendant le *live* je lui ai posé une seule question : « Est-ce qu'il y a des femmes et des enfants réfugiés dans la mosquée ? » Il ne m'a pas répondu.

Mes collègues expats et leurs familles ont été exfiltrés d'Égypte vers Doubaï, où ils ont vécu quelques semaines. N+2 est resté sur place et a continué à faire tourner la boutique depuis un hôtel proche de l'aéroport, et en lien permanent avec Paris. Mes collègues de la sécurité à Paris sont rompus aux mesures d'urgence. En 2010 j'étais à Moscou quand des terroristes ont sévi dans l'aéroport de Domodedovo. Quinze minutes après l'attaque, c'est M. Sécurité de Paris qui me demandait par SMS ma localisation, le nombre et le nom des personnes de mon équipe, etc. J'étais moi-même formée, en tant que cheffe, à être responsable de la vie de chaque membre de mon équipe au cours d'un voyage.

Avec horreur, je me suis rendu compte que mon équipe était au Caire, en insécurité, parce qu'il s'agissait de locaux !

Dès la reprise du pouvoir par l'armée, les États-Unis ont gelé leur aide militaire et les

frères musulmans ont commencé à fuir le
pays, beaucoup vers l'Europe, surtout vers le
Royaume-Uni.

Services secrets

En Roumanie, en parallèle de mes études, j'ai été guide touristique de langue russe pour des jeunes qui venaient de tous les pays de l'Est, le russe étant une langue obligatoire dans ces pays (sauf en Roumanie). Beaucoup de mes collègues guides étaient recrutés par la Securitate, surtout ceux qui s'occupaient des touristes de l'Ouest. On ne m'y a jamais invitée ou obligée. À la même période, en Russie, tous les guides et les traducteurs pour les étrangers étaient du KGB. En Roumanie on disait qu'une personne sur cinq était un informateur.

Après la Mineriade en 1990, le pouvoir s'est installé pour durer, la méthode a fonctionné. Le Premier ministre, les yeux bleus et parlant couramment français, était le fils du fondateur de la Securitate. Après la chute de Ceausescu, ils ont été les premiers à réagir et à savoir en profiter, car ce sont des gens de réseau. Après presque trente ans, le peuple n'a plus peur, mais laisse faire : corruption, népotisme, enrichissement illégal, argent sale.

En Égypte ils ont aussi repris le pouvoir.

Ils doivent s'apprécier, ces gars-là. Quelle appli ont-ils en commun ? Telegram ? Peut-on trouver leurs cours en ligne ? Des MOOC qui expliquent les outils qu'ils utilisent ?

Qui a inventé la bienveillance ? Il n'y a que les rapports de force qui dirigent le monde.

Merci, mon Général !

Ma vie personnelle a pris des couleurs en 2013 et tous mes ex en ont profité aussi. Même le père de ma fille, revu douze ans après une séparation dévastatrice, a été tellement soulagé qu'il a enfin décidé de faire un bébé à sa nouvelle compagne. Moi-même, j'ai recommencé à fréquenter des hommes nus.

Je n'avais rien à faire, obligée de rester à la maison et de rester joignable par le bureau en Égypte. En vacances forcées, à la montagne, lisant le dernier Murakami, je me demandais pourquoi l'engouement pour Orwell n'avait pas du tout pris dans les pays communistes, et aussi ce que mes amis faisaient en 1984, et pourquoi moi j'avais l'impression d'être passée à côté de tout… En 1984 j'ai obtenu mon diplôme d'ingénieur, mon père a disparu en Roumanie, je suis allée voir ma famille en Russie, ma meilleure amie a eu son premier bébé. Eurêka !!! J'avais enfin le temps d'écrire !!! Pendant plusieurs semaines je commençais à écrire tôt le matin, jusqu'à 13 heures, et l'après-midi je me documentais pour écrire la suite. Plusieurs week-ends, j'ai pris l'avion pour en discuter de vive voix avec les protagonistes, et surtout accompagner ma meilleure amie vers la sortie de la vie. Quand le récit a été fini, je l'ai laissé dormir pendant un mois. À la relecture, il était toujours parfait. Merci à qui ? Merci au général al-Sissi !

J'ai profité de mes séjours à Bucarest pour chercher à la CNSAS les dossiers que la Securitate a établi sur ma mère, mon père et moi. C'était une époque où le mari découvrait que sa femme était un informateur, enfin, des histoires cruelles. Je n'ai rien trouvé, alors que ma mère, une Russe de Roumanie qui s'est ensuite terrée en France pendant la dictature, devait certainement avoir fait l'objet d'un gros dossier. J'espérais trouver des pistes sur la disparition de mon père en 1984. Bien sûr, dans mon dossier, je voulais découvrir qui de mes amis faisait partie de la Securitate. Sur trois dossiers, rien de trouvé. On m'a dit qu'il était possible qu'ils ne se soient pas encore rendus au CNSAS s'ils étaient encore en activité. C'est quand même formidable, dans un pays conduit par les services secrets, d'avoir l'espoir de trouver son dossier !

En septembre 2013 je suis retournée travailler à Paris, trop dangereux de retourner au Caire. J'ai fait une *due diligence* à Saratov sur un projet fantôme en Extrême-Orient pour Gazprom, qui cherchait un partenaire, mais en phase d'exploration il faut s'attendre à des surprises. Plus tard j'ai vu que le gisement contenait en fait du pétrole et peu de gaz, aussi son projet de gaz liquéfié s'est-il évaporé et son jeune concurrent russe exécuterait-il le projet GNL du siècle, dans la péninsule de Yamal. Les deux concurrents possédaient des exploitations de gaz au même endroit. Ils étaient tellement ennemis qu'ils n'ont réalisé aucune synergie pour optimiser les coûts, pas même une voie ferrée commune. Des silos parfaits. Ces deux-là n'ont même pas besoin de l'ennemi économique américain pour plomber leurs projets. C'est ce qu'on apprend à faire dans la partie « *stakeholders management* », faire la liste de tous les intervenants sur un projet, évaluer leur influence et imaginer comment les avoir de son côté, donnant-donnant, et évaluer le coût correspondant. Combien de projets dans le monde gaspillent de l'argent en ignorant cet aspect.

À Saratov, on était tous dans une salle avec des ordinateurs contenant des informations sur le projet. Un vigile collectait nos téléphones portables et restait dans la salle pour nous surveiller, on ne savait jamais, au cas où on aurait d'autres moyens pour photographier les écrans. Alors on copiait tout à la main, en se répartissant les chapitres.

J'ai toujours utilisé le russe avec plaisir dans mon travail. Quand je pense que j'ai appris à le lire toute seule, à huit ans… Une langue maternelle est orale. Comme ma mère avait une grande bibliothèque en russe uniquement, et comme je n'avais plus rien à lire en roumain, je m'ennuyais à mourir. Maupassant, Huxley et Hemingway avec des scènes érotiques, je crois. En arrivant en France j'ai vite passé un diplôme de russe des affaires à la chambre de commerce, ô combien utile, surtout pour apprendre les bons termes en français. Cordialement. Meilleures salutations. Pourriez-vous ? En anglais (mais pas avec des Anglais), je commence mes messages avec « *Dear* » et finis avec « *Kind regards* » et ça fonctionne toujours bien en Égypte.

Au bureau à Paris, j'étais devenue très intéressante, l'exfiltrée. Sexy. Tout comme le chef du bureau de Tripoli, avec lequel je rigole bien. Une fois, à la machine à café, un vieux foreur baroudeur m'a demandé si je ne me sentais pas en insécurité au Caire, et un autre collègue a répondu à ma place : « Tu ne la connais pas. Ce sont les Égyptiens qui doivent avoir peur d'elle… » L'Égypte me manquait, sans m'en apercevoir elle était devenue ma véritable maison, à Paris j'étais de passage. Alors j'ai demandé à N+2 de me faire revenir, comme il l'avait fait avec les expats masculins.

Post-Morsi

De retour au Caire, je ne voyais plus la saleté, j'étais heureuse de rentrer chez moi, même pour travailler avec N+1, même sans vie privée et avec les coupures de courant.

Mes collègues, mon fidèle chauffeur se réjouissaient de me revoir, le *coffee boy* avec son magnifique sourire me resservait du café turc à la cardamome, les discussions politiques en tête-à-tête avec Ahmed ont repris également (mais il est où El Baradei, il est où ? Il a fini sa mission. Les black blocs aussi, évaporés sans laisser des traces), les collègues expats m'ont subitement invitée à des soirées.

N+2 nous a même fait un cadeau : tous les expats pouvaient visiter gratuitement un pays musulman. C'est comme ça que j'ai enfin découvert Istanbul, non pas pour le côté musulman ou l'art islamique, mais pour retrouver mes racines chrétiennes orthodoxes. J'ai même assisté à une messe tenue par notre patriarche de Constantinople, qui est très simple, abordable, rien à voir avec le pape, sa papamobile et la médiatisation autour de sa personne.

Une nouvelle ère commençait et avec elle l'insécurité a débarqué en Égypte.

Code couleur

J'avais remarqué que si je venais habillée en couleurs sombres, mes collègues me demandaient si j'allais bien. Ils s'inquiétaient pour moi. Les jeunes collègues égyptiennes musulmanes assortissent avec beaucoup de soin les couleurs de leurs habits superposés, comme si elles avaient un message à faire passer. Couleurs claires souvent, mais le rouge et l'orange renvoient certainement des messages joyeux. Alors j'ai fait un test. Au grand *mall* de la ville j'ai acheté une robe Newman orange et quand je l'ai mise au bureau c'était comme si j'avais dit quelque chose de joli. Que des sourires en retour. Ou peut-être aussi parce que personne ne porte des robes en Égypte ?

Ça me rappelle mes missions à New Delhi, quand je m'habillais toujours en noir et blanc parce que je trouvais ça pratique ou classe. Une ingénieure indienne changeait tous les jours sa tenue en harmonisant toujours du marron avec du vert. Quand je lui ai demandé si c'étaient ses couleurs préférées, elle m'avait répondu que oui et qu'elle avait remarqué aussi que mes couleurs préférées étaient le noir et le blanc !

Valeurs

Les valeurs des Égyptiens diffèrent de celle de l'Europe décadente. De retour en France je ne comprenais pas pourquoi se réfugier ici, comme sur une autre planète. Parce qu'émigrer veut dire s'intégrer, revêtir une nouvelle identité, se fondre dans la masse et essayer d'être bien dans ses baskets.

En Roumanie, où l'on baise encore la main des femmes et où l'on se lève dans le métro dès qu'on aperçoit une femme enceinte ou une personne âgée, on pense que la France est toujours la gardienne des bonnes manières, de l'étiquette, de l'élégance. Un pays fermé fait que les gens voyagent plutôt dans les bibliothèques. Juste une anecdote : tous les Roumains pensent que le gâteau cylindrique Joffre au chocolat et la salade de bœuf sont des plats typiques français. Eh non.

J'ai retrouvé des valeurs communes dans l'Égypte de 2013 : la famille compte, on respecte encore les personnes âgées, les profs, les médecins.

Ils ont aussi des pratiques bizarres pour les Européens : un contrat est moins important que la parole donnée ; au milieu d'une réunion, ils s'en vont sans s'excuser car c'est l'heure de la prière ; ou bien, sur la route, la priorité se donne en se regardant dans les yeux (« Alors, c'est toi ou moi qui passe ? »).

Mariage

Un Égyptien basé à Londres et issu d'une riche famille m'a invitée à son mariage au Caire, probablement parce qu'il se mariait avec une Russe estonienne et qu'il pensait que je pourrais tenir un peu compagnie à sa future belle-mère, qui était du voyage.

Comme les mariés ont eu trois heures de retard, j'ai eu le temps d'échanger avec les invités. Ils sont de la diaspora, tous très élégants, les femmes en robes longues, aucune voilée et les petites filles sont maquillées comme des femmes. Ou des princesses ? Mariage sans alcool, et tant mieux car attendre trois heures en buvant sans manger, ce n'est pas très convenable. Sur deux cents invités, on n'est que deux Blanches. La mère estonienne n'a apparemment invité personne de sa famille ou de ses amis.

Ici le mariage civil n'a pas de sens, seul le mariage religieux compte, *charia* oblige.

Quand enfin les mariés arrivent, la fête démarre d'un coup, à un rythme effréné et avec un orchestre d'instruments anciens. Ça me rappelle l'énergie des danses géorgiennes, la fierté et la vraie joie. Tout le monde danse, mais pas les uns avec les autres, ils gravitent autour des mariés et dansent avec eux, pour eux. Les mariés sont tous les deux beaux et nourris par cette énergie. J'échange un peu en russe avec la mère estonienne et je pars sans manger, car mon chauffeur doit aller à Alexandrie le lendemain, et je comprends, car ce forage en mer est vital pour mon projet.

La violence

Dans le monde du pétrole les acteurs sont performants, efficaces et entraînés avec exigence pour rester au meilleur niveau. Chaque installation doit être sans danger, pour l'homme et pour l'environnement. Au prix le plus bas et dans le délai d'exécution le plus court. Un directeur (américain, décidément) nous préparait en nous disant que chaque calcul effectué doit tenir compte du fait qu'on est responsable de la vie d'autrui, qu'une soupape mal dimensionnée, et donc qui ne protégerait pas l'installation, peut nous conduire en prison. L'excellence dans le travail. Interdit de bâcler. Il faut aussi être bon négociateur et savoir faire passer son message, convaincre. On est dressés comme ça. Pendant un entretien annuel, un chef m'a qualifiée de « mouche de coche ». J'ai compris. Dans un monde de travail si macho, et surtout dans un milieu hostile comme l'Égypte, j'avais intérêt à affûter mes armes.

Un jour deux Égyptiens de BP ont débarqué dans mon bureau pour me soutirer des informations confidentielles. Avec une méthode digne de services secrets. Ils m'ont donné un plan sur leur gisement de gaz dans la mer Méditerranée, proche de mon mini-projet, et ont commencé à me bombarder de questions rapides, pour ne pas me laisser le temps de réfléchir, en enregistrant tous mes mots, émotions, rictus. Bien sûr je ne pouvais pas répondre à la majorité des questions, et ils le savaient d'avance. Dix minutes plus tard, ils sont sortis de mon bureau sans laisser aucune trace papier. Comme un viol. Les prédateurs et la victime. C'était de l'espionnage économique.

Je travaillais chez Total sur un projet éclair : comment pomper d'urgence le mazout du tanker Erica naufragé près des côtes françaises. J'ai découvert qu'une installation de traitement d'eau qu'on voulait louer n'était pas aux normes. On a non seulement demandé au propriétaire de faire les modifications nécessaires mais aussi de baisser le coût de 20 %. Est-ce un exemple de violence ? C'était la vie de tous les jours.

J'ai vingt-cinq ans et je travaille de nuit en Roumanie, dans une des usines les plus toxiques qui existent au monde : une usine d'épichlorhydrine. On porte des masques à gaz car le chlore s'échappe souvent. Quand on est gazés au chlore, il ne faut pas boire de lait (le remède antipoison le plus courant) mais de l'alcool. Mon ami et collègue Nelu préfère ça. Par galanterie amicale, il prélève des échantillons toutes les heures dans différents endroits et les emporte au laboratoire. Moi, je reste surveiller les paramètres dans la salle de contrôle. On travaille tous les deux comme opérateurs, alors qu'on est ingénieurs, et notre chef nous déteste parce qu'on a bac +5 et qu'on vient de la capitale. On a trois ans à tirer, ça s'appelle la « *stagiature* », payer pour cinq ans d'école gratuite. Les étudiants qui ont de mauvaises notes ou un mauvais dossier (comme celui lié à mon origine russe) atterrissent dans cette usine. C'est notre goulag.

Pendant la période post-Morsi, j'entends souvent des bombes au Caire. Mon oreille commence à faire la différence entre un feu d'artifice pendant un mariage et une bombe. Mon musée préféré, tout neuf, celui d'art islamique, est fermé. Une bombe a explosé dans la rue et la collection a volé en éclats. Des gars très frustrés laissent des bombes à proximité de postes de police, dans des parcs, des squares.

Une fois, en allant vers la maison en voiture, on a été pris dans un bouchon devant une station d'essence. Pourquoi ? Parce que les gens sont curieux. Avec Tarek, on regarde des démineurs, habillés comme des astronautes, qui essayent de désamorcer une bombe. La voiture passe à quelques mètres. Je suis à quelques mètres d'une bombe en train d'être désamorcée. On n'a pas entendu de bruit derrière nous, ils ont dû réussir cette fois.

Souvent je reçois des alertes de l'ambassade de ne pas sortir de la maison le week-end, de faire profil bas. Dans l'appartement j'ai tout ce qu'il faut pour ça, Internet (quand l'électricité fonctionne), de quoi cuisiner de bons petits plats sains, un tapis roulant pour me dépenser, la télé avec ses multiples antennes satellites.

La télé russe a arrêté ses soaps, qui me relient à mon enfance, et commence à habituer les gens à la guerre en Syrie. Ils semblent passer à la vitesse supérieure. Ils commencent aussi tout un programme de rapatriement des

Russes de la diaspora, appels du pied, logements gratuits en Sibérie, travail, etc. Je décide alors, munie de tous les papiers qui prouvent mes origines russes, extraits de lois, etc., d'aller à l'ambassade russe au Caire et de demander à récupérer ma citoyenneté. Dans la file d'attente il y a des familles tchétchènes, venues au Caire probablement pour les fameuses écoles coraniques. L'employé de l'ambassade a lu attentivement tous mes documents et m'a dit que j'avais bien le droit d'avoir un passeport russe, à condition de renoncer au passeport français et de domicilier en Russie. Je ne suis pas Depardieu. Je décide alors de profiter de mon visa business d'un an, avant qu'il n'expire, pour aller à Tcheliabinsk voir ma famille. Par sentiment d'appartenance à ma famille, bien sûr, mais aussi pour enquêter et récolter du matériel pour mon prochain livre, ou, qui sait, pour faire un potentiel procès au communisme ? En 1923 une partie de notre famille dans l'Oural a été fusillée pas les léninistes, qui voulaient saisir leurs avoirs. C'étaient de petits commerçants. Ma mère me racontait ça en pleurant, ses sœurs pourront-elles m'en dire plus ? Après la « révolution » russe, la nationalisation avait commencé avec ses crimes et ses goulags, qui ont servi de modèle aux nazis, par la suite.

En France il y a deux livres remarquables sur le sujet :

– *Le Livre noir du communisme*, écrit par un groupe d'historiens dirigé par Stéphane Courtois (CNRS) ;

– *Nuremberg du communisme : le procès interdit - Russie (1917-2017)*, écrit par la politologue et chercheuse CNRS Hélène Blanc.

Un autre sujet violent me tient à cœur : l'homogénéisation de l'URSS, mélanger les nationalités, les déplacer, jusqu'à la perte de leur identité. Les juifs à Magadan, les Ukrainiens au Kazakhstan et les Russes dispersés dans toutes les républiques, la colonisation à la manière russe. Le concept de minorité ethnique dans une grande citoyenneté. Après la « chute » du communisme, l'Allemagne a permis aux anciens ressortissants de revenir de Russie. Ils ne parlaient tous que russe et buvaient de la vodka !

Décembre dans le désert

Michael, mon collègue allemand, m'a incluse dans son cercle d'amis à mon retour, après la période Morsi. Quand il a été exfiltré vers Doubaï, il a pris le *leadership*, a conclu qu'on devait rester soudés, bref, une révolution pour moi. Ou bien il avait simplement senti qu'il se ferait bientôt virer, car le dernier forage en mer Méditerranée avait été décevant, mon projet avait bien dégonflé à cause de la découverte non exploitable de gaz et N+2 cherchait des coupables tangibles.

Notre chef direct est un grand malade. Après l'absence de découverte offshore, il a pété les plombs. Il avait mis tous ses besoins de Maslow dans le même panier, probablement. Être aimé, reconnu, réussir sa vie, tout quoi. Après avoir essayé de nous monter les uns contre les autres, ce qui a eu l'effet inverse, il nous appelle dans son bureau (un bocal avec des murs de verre) un par un, pour nous engueuler.

Il crie. Moi, je claque la porte. Il me fait ça tous les jeudis après-midi et alors, tous les week-ends, je rumine. Le géologue hollandais pense que le chef a raison, qu'on est tous des nuls, et s'injecte de l'insuline avec sa pompe plus souvent. Michael parle d'un malade mental. Les collègues égyptiens regardent et entendent. Nos positions managériales sont affaiblies. J'invente alors une solution technique et diplomatique pour sauver notre projet et ne pas nous faire tous virer. Je prends le *leadership* pour convaincre le Hollandais de ne pas tuer le projet et de rester en Égypte.

La femme de Michael est une belle ingénieure libyenne. C'est l'amour de sa vie. Pour se marier avec elle, il est devenu musulman (non pratiquant) et restera en Égypte pour le reste de sa vie. Elle cuisine un *baba ganoush* merveilleux, mélangé avec des grenades, met de très hauts talons et chez elle ne porte pas de voile. Ils ont des amis du monde entier, les discussions aux dîners chez eux sont passionnantes et élégantes. Sur les réfugiés de Syrie et d'Afrique vers les pays riches, sur notre civilisation qui s'effrite, sur les Bédouins et leur mode de vie, sur la façon de réagir si un gars avec fusil arrête notre voiture pour la voler (ne pas regarder dans les yeux, descendre sans prendre nos affaires, le plus difficile étant d'apprendre ça à nos chauffeurs égyptiens) ou sur les divers trafics dans le désert sans frontières, etc.

Michael est un passionné du désert et de l'histoire de l'Égypte. Si je lui parle de mon engouement pour l'Asie, il me répond que dans cette vie il n'aura pas le temps de la découvrir. Quand il organise des voyages dans le désert, il prépare ça comme un pro : avec lecture, cartes, GPS satellite, talkies-walkies, moyens de dessabler la voiture et même des chaises pliantes. Sans cette préparation on n'aurait jamais convaincu N+2 de nous laisser y aller. On devait aussi avoir au minimum deux voitures et recourir à une escorte policière aux environs de la ville de Fayoum.

J'avais tellement de chance d'aller gambader comme une enfant avec des géologues passionnés, les yeux brillants, de voir les fossiles des baleines à Wadi al-Hitan (ancienne mer Téthys, il y a quarante millions d'années) ou la nécropole du désert, ou les ruines romaines, ou la forêt fossile, ou le lac Karoun plus salé que la mer, avec ses aigrettes blanches.

À la même période, un de mes collègues a été kidnappé au nord du Cameroun, avec femme et enfants, et détenu par Boko Haram au Nigeria. Il semble que le propriétaire du dernier hôtel où ils ont séjourné les ait vendus. Même le pape les a mentionnés dans un discours, pour la première fois on avait pris en otage des enfants. Tous les matins, quand j'arrivais au bureau, je vérifiais d'abord si on avait reçu des nouvelles d'eux. Il y a des années, c'était une habitude de prendre des otages dans le milieu du pétrole, au sud du

Nigeria. Avec mes collègues de travail je connaissais même le prix de la rançon par personne. Cette fois-ci, c'étaient des fous de Dieu, connus pour leur cruauté, qui les détenaient au nord du pays. Au bureau, mes collègues égyptiens ne se sentent pas concernés, c'est l'affaire des expats.

La première fois qu'on est allés visiter le lac Karoun, on a passé la nuit à l'auberge. Très joli, au bord de l'eau avec vue sur les dunes de Bahariya. Il n'y avait que des étrangers résidant en Égypte, bénéficiant de prix très intéressants. Le matin on aurait bien voulu faire une sortie plus discrète dans cette zone sensible mais un 4x4 de la police nous attendait devant l'hôtel pour nous escorter. D'un côté, c'était sympa de nous protéger, de l'autre, voir ces gosses avec des fusils sur des routes délabrées, dans un pays où tout le monde déteste la police, qui est cible d'attentats, ce n'était pas si rassurant. Pendant la période post-Morsi il y avait des *check points* partout, pour traquer les frères mécontents et violents. Les fois suivantes, on est allés dans le désert une journée seulement, pour éviter l'escorte.

Une fois j'ai eu peur. On était au milieu de nulle part avec trois voitures, sans route, et mon collègue italien a arrêté la voiture, avec deux petits enfants à bord, pour prendre une photo. Sa voiture s'est ensablée. Il nous a fallu trois heures pour le sortir de là, avec une espèce de ballon en caoutchouc qui se remplissait de gaz d'échappement et soulevait la voiture. Michael était le chef, il nous donnait des ordres, calme, impeccable. Pendant le dessablage je jouais avec les gosses pour leur garder le moral. Mon téléphone ne captait pas. On a pensé un moment aller chercher un camion pour nous tracter, ou appeler notre DRH pour nous sortir de là. Finalement on est repartis et on a décidé de ne rien raconter au bureau afin de pouvoir revenir dans le désert.

Jusqu'au jour où nos confortables 4x4 ont été échangés contre de petites voitures discrètes et où toute sortie en dehors du Caire a été interdite. Les 4x4 étaient volés au profit des terroristes de Daech qui se baladaient entre le Sinaï et la Libye, et les étrangers commençaient à être pris pour cible. Un Américain qui travaillait dans les opérations sur une unité de production de pétrole dans le désert, près du Caire, a été trouvé mort. D'après N+2, qui n'a pas voulu nous donner de détails, ce n'était pas simplement pour voler sa voiture. Il était écœuré.

Arrêt sur images

Pendant mes trois années d'expat au Caire, j'ai reçu une seule visite, celle de ma meilleure amie. On communiquait presque tous les jours par Skype et quand elle a décidé de passer le réveillon avec moi j'étais folle de joie. Elle a apporté de bons petits plats roumains, un énorme pot de crème fraîche (pas de crème fraîche en Égypte) et du bon vin rouge. On est dans un felouque, c'est le coucher du soleil, la table est couverte de bonnes choses. Le gars qui conduit le bateau monte les voiles mais le vent n'y est pas. Alors il fume. On stagne au milieu du Nil, on regarde le soleil qui disparaît à l'horizon et on est bien.

***

Quand j'étais bloquée en France j'ai passé un long week-end chez Paul, mon bon ami, pour découvrir sa nouvelle maison en Mayenne. Avec sa femme, ils avaient acheté d'abord une petite maison dans le Sud, leur rêve de jeunesse, mais ils se sont vite lassés. Ils avaient besoin d'espace, surtout entre eux et leurs voisins. La nouvelle maison se situe au milieu d'une petite colline qui leur appartient. Leur potager semble minuscule dans cet espace. On est sur la véranda et on prend l'apéro avec des châtaignes cuites dans le brasier. Paul nous raconte sa captivité pendant la guerre en Algérie et son vote punitif en faveur du Front national. Le chat ronronne couché sur mes orteils. Et on est bien.

***

Le week-end d'avant, j'étais à Rambouillet avec mon amoureux. Avant de manger il m'a emmenée en voiture dans la forêt pour chercher des champignons. Je n'ai rien trouvé. Lui si, des cèpes et des girolles. On est dans sa cuisine, on écoute Oscar Peterson, il épluche les gousses d'ail en sifflotant, je déguste un Bordeaux, on parle politique, et on est bien.

***

De retour au Caire, on est dans la voiture et on écoute sur clé USB la musique envoyée par mon ami du lycée. C'est « Cashmere » de Led

Zeppelin, la version avec l'orchestre du désert. Tarek adore, essaye de me traduire, mais c'est chanté dans un dialecte qu'on parle au Soudan et au sud de l'Égypte, et il ne comprend pas tout. On écoute la musique envoûtante, entourés de dunes, et on est bien.

***

Au moment où j'écris, en France, trois petits oiseaux verts jouent sur mon balcon. Une sorte de rouges-gorges, mais verts. L'olivier et le tournesol semblent les inspirer. Le son de mon clavier ne les effraye pas. Ils me regardent et leurs petites têtes se disent : « Regarde celle-là, elle se croit libre sans ailes !!! »

A propos de l'auteur

Marina Chiriac est une autrice française d'origine russe, qui a passé son enfance et fait études d'ingénieur en Roumanie. Elle a publié un recueil de fiction Contes à mot clé (à partir d'un mot, elle invente une histoire drôle pour tous les âges), mais aussi des récits témoignages comme Une année avec Meetup (un hommage aux personnes humanistes qui en 2018 l'ont aidée, via l'application, à surmonter un burnout et à se reconvertir), Merci mon Général ! (sur son expérience d'expatriation en Égypte et axé sur l'année 2013), un roman historique Personne ne lisait Orwell, à l'Est et un recueil de poésie

Née dans des montagnes russes.

QR code Marina Chiriac autrice

www.ingramcontent.com/pod-product-compliance
Lightning Source LLC
Chambersburg PA
CBHW051307250726
48656CB00004B/1519